Bill Bright

Wirksames Gebet – Wie lernt man das?

Wirksames Gebet – Wie lernt man das?

Bill Bright
Mitteilbare Konzepte 9

hänssler
campus für christus

Campus für Christus

Deutschland
Am Unteren Rain 2
D-35394 Gießen
Fax: 0641-97818-40
e-mail: campusde@aol.com
home page: www.campus-d.de

Schweiz
Josefstrasse 206
CH-8005 Zürich
Fax: 01-277819
e-mail: cfcch@compuserve.com

Österreich
Agape
Weisslhofweg 6
A-5400 Hallein
Fax: 06245-76012
e-mail: agapeccc@ping.at

Auslieferung:

Hänssler-Verlag
Postfach 1220
D-73762 Neuhausen-Stuttgart

Bestellnummer 251016
ISBN 3 · 88404 016-2

5. Auflage 1997, 117. Tausend
Umschlaggestaltung von Peter Pohle
Umschlagfoto von John Crone
Gesamtherstellung: Ebner Ulm

Inhalt

Was ist ein »Mitteilbares Konzept«?

Bevor Christus zu seinem himmlischen Vater zurückkehrte, hat er den elf Männern, die ihm bei seinem irdischen Dienst am meisten zur Seite standen, den Auftrag gegeben, in alle Welt zu gehen und aus allen Völkern Jünger zu machen. Gleichzeitig wies er sie an, diese neuen Jünger alles zu lehren, was er ihnen geboten hatte.* Später schrieb der Apostel Paulus die gleichen Anweisungen an Timotheus: »Und was Du von mir gehört hast . . ., das befiehl treuen Menschen an, die tüchtig sind, auch andere zu lehren.«**

Unsere Mitarbeiter haben durch ihre Gespräche immer wieder festgestellt, daß viele Christen keine Gewißheit über ihre persönliche Beziehung zu Christus haben. Sie führen ein von Niederlagen und Enttäuschungen gekennzeichnetes Leben und wissen nicht, wie sie anderen ihren Glauben auf wirksame Weise mitteilen können.

Als Hilfe für die Bewältigung dieser Grundprobleme und zur Gewinnung und Zurüstung von Jüngern Christi hat Campus für Christus eine Serie von Büchern – die »Mitteilbaren Konzepte« – herausgebracht, in denen viele Grundwahrheiten behandelt werden, die von Jesus Christus und seinen Jüngern gelehrt wurden. Allerdings sind diese Bücher kein Ersatz für das regelmäßige, persönliche Lesen in der Bibel.

Ein »Mitteilbares Konzept« könnte als eine Idee oder Wahrheit bezeichnet werden, die man von einer Person bzw. von einer geistlichen Generation

* Matthäus 28, 18–20
**2. Timotheus 2, 2

zur anderen weitersagen kann, ohne ihren ursprünglichen Inhalt zu entstellen oder zu verwässern.

Wir möchten Sie ermuntern, sich den Inhalt jedes dieser Konzepte so einzuprägen, daß Sie persönlich jederzeit in der Lage sind, sie an andere weiterzugeben, »die tüchtig sind, auch andere zu lehren«. Auf diese Weise werden in Ihrer Umgebung Männer und Frauen erreicht, die dann zu Jüngern Christi heranwachsen. Das kann Ihr bedeutsamer Beitrag zur Erfüllung des Missionsbefehls in dieser Generation sein.

Einleitung

Haben Sie schon einmal darüber nachgedacht, daß Ihnen durch das Gebet die Möglichkeit gegeben wird, sich von Gott dazu gebrauchen zu lassen, das Leben von Menschen und Nationen zu verändern? Gott hat Ihnen einen unerschöpflichen Reichtum an Kraft, Weisheit und Gnade zur Verfügung gestellt. Sie brauchen nur bereit zu sein, ihm zu glauben.

Gott sagte zu Jeremia: »Rufe mich an, so will ich dir antworten und will dir kundtun große und unfaßbare Dinge, von denen du nichts weißt.«[1]

Die Kraftquellen Gottes

Bedenken Sie: der allmächtige Gott, der seinen Sohn von den Toten auferweckte, hat diese Aussage gemacht. In Jesus wohnt die ganze Fülle der Gottheit leibhaftig.[2] Er hat uns beauftragt, in alle Welt zu gehen, um das Evangelium zu verkündigen und aus allen Völkern Jünger zu machen. Er, der gesagt hat: »Mir ist gegeben alle Gewalt im Himmel und auf Erden«, und »Siehe, ich bin bei euch alle Tage«[3], hat auch versprochen: »Was ihr mich bitten werdet in meinem Namen, das will ich tun.«[4] Überdenken Sie diese Verheißungen Gottes sorgfältig; denn die mächtigen Kraftquellen der Gottheit stehen Ihnen zur Verfügung, wenn Sie ein Kind Gottes sind.

Warum ist dann aber das Leben so weniger Christen vom Übernatürlichen und Wunderbaren gekennzeichnet? Wenn wir diese Worte wirklich ernst nähmen und anfingen, die uns verheißenen

Dinge im Gebet durch den Glauben in Anspruch zu nehmen, so würden wir Wunder erleben.

Das Problem des Unglaubens

Warum sind wir heute so kraft- und fruchtlos, verglichen mit den Christen des ersten Jahrhunderts? Die Antwort finden wir in dem Wort »Unglaube«. Nichts anderes kennzeichnet die Einstellung vieler Christen so sehr wie der Unglaube. Jesus Christus hat uns gesandt, seine liebevolle Fürsorge und seine Barmherzigkeit für die Welt unter Beweis zu stellen. Wir sollen hingehen und überall die gute Nachricht des Evangeliums mitteilen.

Aber wir verkriechen uns im Unglauben in unsere kleinen Gebetsversammlungen und reden über nebensächliche und oberflächliche Dinge. Wir sind zufrieden, wenn wir im Namen Christi nur das vollbracht sehen, was der Mensch auch durch den eigenen Verstand, die eigene Beredsamkeit und Organisationsfähigkeit schaffen kann. Anstatt uns auf die mächtige Kraft Gottes zu verlassen und das Übernatürliche von ihm im Glauben zu erwarten, gehen wir ziellos unseren Weg – kraftlos, ungläubig und deshalb fruchtlos.

Kraft durch Gebet

Die Jünger kannten den allmächtigen Gott und beteten zu ihm. Als Antwort auf ihre Gebete und aufgrund ihrer Bereitschaft, ihr Leben ganz einzusetzen, hat Gott sie gebraucht, um ein von Korruption und Gewaltsamkeit durchdrungenes Römisches Reich für Gott umzukrempeln. Lesen Sie ihr Gebet in Apostelgeschichte 4, 24–30:

»Herr, du hast Himmel, Erde und Meer geschaffen und alles, was lebt. Durch den heiligen Geist hast du unsere Vorfahren, deinen Diener David, sagen lassen: ›Warum toben die Menschen? Warum planen die Völker sinnlose Anschläge? Die Könige der Erde rüsten, und die Herrscher verbünden sich gegen den Herrn und seinen Erwählten.‹ Tatsächlich haben sie hier in Jerusalem Herodes und Pontius Pilatus, die Juden und Angehörige der fremden Völker zusammengetan gegen Jesus, deinen heiligen Sohn, den du erwählt hast. Aber was sie beschlossen haben, das hattest du längst geplant und vorherbestimmt. Höre nun, Herr, wie sie uns drohen! Gib deinen Dienern jetzt die Kraft, deine Botschaft mutig und entschlossen zu verkünden! Hilf uns, Kranke zu heilen und andere wunderbare Dinge im Namen deines heiligen Sohnes Jesu zu tun« (GN)!

Wen wundert es, daß Gott diese Christen des ersten Jahrhunderts benutzte, um den Lauf der Geschichte umzulenken? Der Gott, den wir anbeten und dem wir dienen, ist derselbe allmächtige, allweise, liebende Gott und Vater, den auch sie liebten und dem sie dienten. Seine Kraft ist unverändert: er wartet darauf, dasselbe heute durch uns zu tun.

Fruchtloses Zeugnis

Ehe die Arbeit von Campus für Christus begann, hatte ich über ein Jahr lang zusammen mit Mitgliedern verschiedener Gemeinden von Los Angeles regelmäßig evangelistische Einsätze in Studentenwohnheimen und Verbindungshäusern gemacht, doch meines Wissens hat bei diesen Einsätzen niemand sein Leben Christus anvertraut.

Aber als Gott im Frühjahr 1951 diese Bewegung ins Leben rief, bildeten wir eine vierundzwanzigstündige Gebetskette, die wir in 96 viertelstündige Abschnitte unterteilten. Zahlreiche Christen verbrachten jeden Tag 15 Minuten im Gebet für dieses neue Werk an der Universität.

Gebetskette

In der allerersten Versammlung mit Studentinnen dieser Universität nach dem Beginn der Gebetskette äußerten über die Hälfte der 60 anwesenden Mädchen den Wunsch, Christen zu werden. Im Laufe der nächsten Monate haben mehr als 250 Studenten der Universität ihr Leben Jesus Christus anvertraut – darunter der Präsident der Studentenschaft, der Herausgeber der Studentenzeitung und eine Reihe der besten Sportler.

Diese sich häufenden Segensbeweise Gottes waren kein Zufall: Gott erhörte die Gebete von vielen seiner Kinder. Sein Segen ruht auch heute noch auf diesem Werk, das er benutzt, um Menschen zu Jesus zu führen und um in über der Hälfte der Länder unserer Welt Jünger in seine Nachfolge zu rufen. Gebet ist weiterhin von grundlegender Bedeutung.

Im Verlauf der Jahre haben wir jedoch immer wieder festgestellt, daß viele Christen nicht wissen, wie sie richtig beten können. Ein Freund von mir, der seit über 50 Jahren gläubig ist, sagte mir vor kurzem: »Ich bete nie öffentlich und habe sehr viele Fragen zum Thema ›Gebet‹ oder dazu, wie man beten sollte.« Weil so viele Christen – neue wie alte – so wenig über das Gebet wissen, möchte ich Ihnen einige grundlegende Wahrheiten über das Gebet mitteilen. Zunächst sollten wir erklären, was Gebet ist.

I. Was ist Gebet?

Gebet ist einfach Kommunikation mit Gott, oder wie jemand sagte: »Gebet ist ein Dialog zwischen zwei Personen, die einander lieben – Gott und Mensch.« Wir lieben ihn, weil er uns zuerst geliebt hat. Man kann es auch mit dem berühmten »heißen Draht« zwischen Washington und dem Kreml vergleichen, der einen sofortigen, direkten Kontakt zwischen den USA und Rußland ermöglicht. Jeder Christ hat einen »heißen Draht« direkter Kommunikation zu Gott, der ihm jederzeit zur Verfügung steht. Aber die meisten Christen nehmen nie den Hörer von der Gabel und vergessen oft, daß die Verbindung überhaupt besteht, bis sie in Not geraten.

Als Kinder Gottes sind wir eingeladen, »mit Zuversicht vor den Thron zu treten, auf dem die Gnade regiert. Dort werden wir immer, wenn wir es nötig haben, Liebe und Erbarmen finden.«[5]

II. Wer kann wirksam beten?

Alle, die zu Christus gehören. Die meisten Menschen beten instinktiv – und wenn auch nur zu Götzen aus Stein und Holz. Wenn sie mit Schicksalsschlägen, Leid, Sorgen oder Gefahr konfrontiert werden, beten sie.

In diesem »unwissenden« Gebet liegt eine ernste Gefahr. Aus den Erfahrungen der Geschichte und der Philosophie wissen wir, daß der Mensch stets den moralischen Charakter des von ihm angebeteten Gegenstands annimmt. Menschen, die Götzen der Wollust angebetet haben, sind moralisch degeneriert. Wenn Menschen Götzen des Blutes, des Feuers und des Krieges angebetet haben, wurden sie selber kriegerisch, unbarmherzig und sadistisch.

Dasselbe Prinzip gilt für den Christen: »Indem wir auf ihn (Christus) blicken, werden wir in sein Ebenbild verwandelt, von einer Herrlichkeit zur anderen.«[6] Aus diesem Grund betont die Bibel, daß wir unsere Gebete nur an den allein wahren, gerechten, heiligen und liebenden Gott richten sollen und daß ihm allein Anbetung zukommt.

Der einzige Weg

In der Schrift heißt es: »Denn es gibt für alle nur einen Gott, und es gibt nur einen, der Gott und die Menschen miteinander verbindet: den Menschen Jesus Christus.«[7] Jesus beansprucht, der einzige Weg zu Gott zu sein: »Ich bin der Weg und die Wahrheit und das Leben; niemand kommt zum Vater denn durch mich.«[8]

Falls Ihnen das zu intolerant klingt, möchte ich

Sie daran erinnern, daß Jesus Christus kam, um für alle Menschen in allen Ländern zu sterben. Er verheißt allen Müden und Beladenen, die zu ihm kommen, Ruhe und Erquickung. Viele Menschen, die Gott Zeit ihres Lebens ignoriert haben, geraten am Ende ihres Lebens in eine schwierige Lage und sind zu beschämt, um beten zu können. Ihre Begründung ist: »Ich habe Gott mein Leben lang ignoriert – jetzt ist es zu spät!«

Sie brauchen diese Einstellung nicht zu haben. Gott bewies seine Liebe zu uns, indem er Christus sandte und ihn für uns sterben ließ. Durch nichts können Sie Gott dazu bringen, seine Liebe zu Ihnen aufzugeben.

Trotzdem bleibt die Tatsache bestehen, daß Sie von Gott keine Gebetserhörung erwarten können, wenn Sie nicht im Namen Jesu Christi als Ihrem einzigen Mittler zu ihm kommen. Sechsmal versprach Jesus in der Zeit vor seiner Kreuzigung: »Was ihr mich bitten werdet in meinem Namen, das will ich tun.«[9]

Ein reines Herz

Alle, die ein reines Herz haben. Wir müssen jedoch beachten, daß wir nicht nur im Namen Jesu bitten, sondern auch mit einem reinen Herzen zu Gott kommen. Wie der Psalmist sagt: »Wenn ich Unrechtes vorgehabt hätte in meinem Herzen, so hätte der Herr nicht gehört.«[10] Deshalb können wir von Gott keine Antwort auf unsere Gebete erwarten, wenn noch irgendeine bewußte Sünde in unserem Leben ist. Ebenso wie das Fehlen einer Zutat den Kuchen verderben kann, kann auch das Gebet wirkungslos werden, wenn wir unsere Sünden nicht bekennen.

Ein vergebender Geist

Alle, die einen vergebenden Geist haben. Eines der häufigsten Hindernisse beim Beten ist mangelnde Vergebungsbereitschaft. Jesus sagte: »Aber wenn ihr betet, dann sollt ihr euren Mitmenschen verzeihen, falls ihr etwas gegen sie habt, damit euer Vater im Himmel euch eure Verfehlungen auch vergibt.«[11] Kein Gebet, außer dem des Sündenbekenntnisses, wird von Gott erhört werden, wenn es nicht aus einem Herzen kommt, das frei von Bitterkeit ist.

Im Vaterunser stehen die Wörter »gib« und »vergeben« ziemlich nahe beieinander: »Unser täglich Brot gib uns heute. Und vergib uns unsere Schuld, wie wir vergeben unsern Schuldigern.«[12] Der abgedroschene Kompromiß: »Ich kann zwar vergeben, aber vergessen kann ich nicht«, macht unsere Gebete nur hinfällig. Wie, wenn das Gottes Einstellung wäre? Seine Liebe bewirkt eine wunderbare Vergeßlichkeit, da er sich verpflichtete, alle unsere Sünden hinter sich zu werfen und sich ihrer nie mehr zu erinnern. Sie und ich müssen mit einem vergebenden Herzen zu Gott kommen, wenn wir das uns zugedachte Erbe der Vollmacht im Gebet empfangen wollen.

Im Glauben beten

Alle, die im Glauben beten. Wir müssen auch ein gläubiges Herz haben, wenn unsere Gebete erhört werden sollen. Derselbe Herr, der sagte: »Mir ist gegeben alle Gewalt im Himmel und auf Erden«,[13] und »Siehe, ich bin bei euch alle Tage«,[14] versprach auch: »Was ihr mich bitten werdet in meinem Namen, das will ich tun.«[15] Er sagte weiterhin: »Wenn ihr nur Vertrauen habt, werdet ihr alles bekommen, worum ihr Gott bittet«,[16] und »Euch geschehe nach eurem Glauben.«[17] Doch nur wenige von uns nehmen diese Worte ernst, und nur wenige wagen das zu beanspruchen, was Gott uns so großzügig versprochen hat.

III. Warum sollen wir beten?

Um Gott zu verherrlichen. Der Zweck des Gebets ist vor allem die Verherrlichung Gottes. Jesus sagte: »Und was ihr bitten werdet in meinem Namen, das will ich tun, auf daß der Vater verherrlicht werde in dem Sohne.«[18]

Weil Gott uns zu beten befiehlt. Wir sollen beten, weil unser liebevoller Vater uns befohlen hat, ohne Unterlaß zu beten, und weil er an unserer Gemeinschaft Freude hat.

Um Austausch mit Gott zu haben. Das Gebet ist nicht nur ein »Notausgang« für den Christen, damit er aus seinen Schwierigkeiten herauskommt, seine Bedürfnisse befriedigt und eigene, selbstsüchtige Ziele verfolgen kann. Es ist vielmehr seine Möglichkeit der Verbindung zu Gott. Aus diesem Grund hat Gott uns befohlen zu beten. »Rufe mich an, so will ich dir antworten und will dir kundtun große und unfaßbare Dinge, von denen du nichts weißt.«[10] Das Neue Testament enthält viele solcher Befehle: »Betet ohne Unterlaß«,[20] »Wachet und betet«,[21] »im Gebet ... mit Danksagung«,[22] »beten im Geist«,[23] »allezeit beten und nicht nachlassen«,[24] beten für verantwortliche Politiker,[25] beten für freudige Verkündigung der guten Nachricht von Jesus Christus,[26] beten für allen Freimut.[27]

Gemeinschaft mit Gott

Wegen der Gemeinschaft mit Gott. Gott wartet darauf, daß wir im Gebet zu ihm kommen. Dies ist der Gott, der uns geschaffen hat und der uns so sehr liebt, daß er seinen einzigen Sohn gesandt hat, um für uns zu sterben – der Gott, der trotz unserer Sünden und unserer Selbstbezogenheit alles für uns getan hat. Es ist mir unfaßbar, daß Gott unsere Gemeinschaft wünscht!

Wir neigen dazu, beim Beten und Bibellesen nur an unsere Empfindungen zu denken. Wir werten es als »unbefriedigend«, wenn unser Herz dabei kalt und gefühllos bleibt. Aber die Bibel sagt: »Das Gebet der Aufrichtigen ist ihm (Gott) wohlgefällig«,[28] ganz abgesehen von jeglichen Gefühlsempfindungen, die wir haben mögen. Eben dies sollte uns dazu bewegen, mehr Zeit mit Jesus zu verbringen, weil wir ihm wohlgefallen und Freude bereiten wollen.

Meine eigenen Söhne haben mir zur Erkenntnis dieser wichtigen Tatsache verholfen. Wie beschäftigt ich auch sein mag, lege ich doch alles beiseite, wenn sie mit mir reden wollen, nur um Gemeinschaft mit ihnen haben zu können. Ich freue mich darauf und liebe es, mit ihnen zusammen zu sein, und ich bin froh darüber, daß sie auch gern mit mir zusammen sind. Doch wieviel mehr verlangt es Gott in seiner unendlichen Liebe danach, Gemeinschaft mit uns zu haben.

Das Vorbild Christi

Wegen des Vorbilds Christi. Jesus Christus, der Sohn Gottes, stellte das Gebet an erste Stelle, obgleich sein Tag vom Morgen bis zum Abend ausgefüllt war mit vielen Dringlichkeiten und Anforderungen: Ansprachen an die Menschenmenge, Heilung der Kranken, persönliche Gespräche und Seelsorge, Reisen und Ausbildung seiner Jünger. Wenn Jesus so sehr auf diese Gebetsgemeinschaft allein mit dem Vater angewiesen war, wieviel mehr sollten wir es sein!

Wegen des Vorbilds der Jünger und anderer Christen. Das Leben der Jünger und die Lebensbeschreibungen von Christen, die durch die Jahrhunderte hindurch Großes im Auftrag Gottes getan haben, bestätigen alle die Notwendigkeit des Gebets. Ich will damit nicht sagen, daß wir jeden Tag mehrere Stunden im Gebet verbringen müssen, obwohl einige zu diesem hohen Vorrecht berufen sind. Aber Gott hat uns allen befohlen: »Betet ohne Unterlaß«, indem wir alle Anliegen im Gebet vor Gott bringen. Uns ist geboten worden, füreinander zu beten. Alle, die treu gebetet haben, wurden von Gott gesegnet und gebraucht.

Gebetserhörungen

Weil Gott Gebet erhört. Gebet ändert die Dinge. Viele meinen, Gebet sei nur eine psychologische Übung der Autosuggestion oder des positiven Denkens. Andere meinen, das Gebet verändere nur denjenigen, der betet, so daß Gott freie Bahn hat, seinen Willen zu offenbaren. Aber die Schrift lehrt klar, daß das Gebet sogar den gewohnten Lauf der Natur unterbrechen kann. Jesus erweckte Lazarus von den Toten;[29] Elia betete, daß es nicht regnen solle, und dreieinhalb Jahre lang regnete es nicht. Dann betete er um Regen, und bald darauf goß es in Strömen.[30]

Zuerst mit Gott reden

Das Gebet ist das beste Mittel dafür, ein wirksamer Zeuge für Christus zu werden. Der göttlichen Ordnung nach soll man zuerst zu Gott über die

Menschen reden und danach zu den Menschen über Gott. Bezeugen ist das Einsammeln von Gebetserhörungen, sowohl der Gebete dessen, der von Christus weitersagt, als auch anderer, die gebetet haben. Ich bin überzeugt, daß der wichtigste Faktor bei meiner Bekehrung zu Christus die Gebete meiner gläubigen Mutter waren.

Geistliche Nahrung

Wegen der geistlichen Nahrung. Gebet, d. h. unser Reden mit Gott und Gottes Reden mit uns durch sein Wort, die Heilige Schrift, ist die Hauptquelle geistlicher Nahrung für uns. Wie ein Kind Nahrung braucht, um körperlich zu wachsen, so brauchen auch wir Nahrung, um geistlich zu wachsen. Wir können eine Mahlzeit ausfallen lassen, ohne schlimme Folgen zu spüren; setzen wir aber eine Woche lang mit dem Essen aus, so werden wir schwach.

Das trifft auch in unserem geistlichen Leben zu. Wir können einen Tag lang aussetzen, uns aus dem Wort Gottes oder durch das Gebet zu stärken, ohne offensichtlich schlimme Folgen. Wenn wir aber so weitermachen, werden wir bald unterernährt sein und die Kraft zu einem siegreichen Leben sowie die Freimütigkeit, Jesus offen und freudig zu bekennen, verlieren.

IV. Zu wem beten wir?

Wir beten zum Vater im Namen Jesu Christi durch den Dienst des Heiligen Geistes. Unsere Gebete sind dann gültig, wenn sie im Namen Jesu Christi geschehen; sie werden Gott, dem Vater, durch den Heiligen Geist übermittelt. Da aber Gott ein einiger Gott ist, der sich in drei Personen offenbart, ist es völlig richtig, zu Jesus oder auch zum Heiligen Geist zu beten. Es gibt keine Eifersucht zwischen den drei Personen der Dreieinigkeit. Nach dem von Jesus gelehrten biblischen Vorbild wird der Vater angeredet.

Es ist hilfreich und ermutigend zu wissen, daß, während wir beten, sowohl Jesus als auch der Heilige Geist Fürbitte für uns tun! Paulus sagt uns in Römer 8, 34: »Jesus Christus ist vom Tod erweckt worden. Er sitzt an Gottes rechter Seite und tritt für uns ein« (GN).

Die Fürbitte des Geistes

In demselben Kapitel heißt es einige Verse vorher: »Wir sind schwach und wissen nicht einmal, wie wir im Gebet zu Gott sprechen sollen. Darum tritt der Geist bei Gott für uns ein. Sein Bitten läßt sich nicht in Worten ausdrücken. Aber Gott, der unser Herz kennt, kennt auch die Gedanken des Geistes. Er weiß, daß der Geist so, wie es Gott gefällt, für das Volk Gottes eintritt.«[31]

Weil der, zu dem wir beten, der König aller Könige und der Herr aller Herren, der Schöpfer Himmels und der Erde ist, nähern wir uns ihm ehrfurchtsvoll. Doch er ist auch unser liebevoller himmlischer Vater, der für uns sorgt und Freude an unserer Gemeinschaft hat. Darum dürfen wir mit freudevollem Herzen in seine Gegenwart kommen, in dem Bewußtsein, daß Gott uns mehr liebt, als uns irgend jemand sonst jemals geliebt hat oder lieben wird.

V. Wann sollten wir beten?

In gewissem Sinne bete ich ohne Unterlaß; ich rede mit Gott mehrere hundert Male im Lauf des Tages über alles.

Ich bete um Weisheit für die zahlreichen Entscheidungen, die ich jeden Tag zu treffen habe. Ich bete für Freunde und Fremde, daß sie zu einer lebendigen Beziehung mit Christus kommen, die Heilung von Kranken und alle geistlichen und materiellen Nöte unseres Dienstes sowie für die Anliegen verschiedener Mitarbeiter und für die Leiter anderer christlicher Gruppen.

Ich bete für unsere Regierung und die über uns gesetzten Behörden. Ich bete sogar für meine Kleidung im Hinblick auf die Leute, denen ich begegnen werde, damit die Art und Weise, wie ich mich kleide, zur Verherrlichung Gottes dient, und ebenso das, was ich sage und tue.

Stille Zeit

Aber in einem anderen Sinne gibt es eine gesonderte Gebetszeit an jedem Tag – wenn ich still vor der geöffneten Bibel knie und mit Gott rede, während ich sein Wort lese. Gott spricht zu uns durch sein Wort und durch Eindrücke, während wir in seiner Gegenwart über das Gelesene nachdenken.

Ehe ich anfange, die Bibel zu lesen, bitte ich den Heiligen Geist, der ja ihre Niederschrift inspirierte, mein Lesen sinnvoll und folgenreich zu machen. Während des Lesens halte ich hin und wieder inne und danke Gott für seine liebevolle Errettung und Bewahrung, bekenne die durch die Schrift aufgedeckten Mängel in meinem Leben, bitte ihn um die von den Aposteln bewiesene Freimütigkeit und ihren Glauben und danke ihm für neue Einblicke in seine göttlichen Pläne, um die Welt mit der guten Nachricht seiner Liebe und Vergebung zu erreichen. Dies bedeutet für mich wahres Beten – Gott zu bitten, zu uns zu reden, wie wir zu ihm reden. Es gehört zwar noch mehr zum Gebet, aber dies sind Kernpunkte echten Betens.

Gruppengebet

Das Gruppengebet ist ebenfalls ein wichtiger Teil im Gebetsleben eines Christen. Und doch zeichnen sich Gebetsversammlungen oft durch Schwerfälligkeit, Reizlosigkeit und Langeweile aus. Der Grund ist einfach: Die Mehrzahl der in der Gruppe anwesenden Christen hat keine Zeit in persönlicher Stille und Anbetung verbracht; folglich haben sie Gott auch öffentlich nichts mitzuteilen, außer hergesagten Gebeten, die sie von älteren Christen gelernt haben, die ihrerseits diese Art zu beten wiederum von anderen übernommen haben.

Wieviel lebendiger wäre es, wenn man die Gruppe anleiten würde, so zu Gott zu reden, als sei er tatsächlich gegenwärtig, was er ja auch ist. Dies ermöglicht spontanes, vom Heiligen Geist geleitetes Beten, wobei einzelne Bereiche der Anbetung oder der Fürbitte nacheinander vor ihn gebracht werden, je nachdem, wie der Geist sie jedem einzelnen ins Bewußtsein bringt.

Spontanes Gebet

In dieser Art könnte jemand etwa folgendermaßen anfangen: »Herr, ich liebe dich.« Jemand anders folgt: »Danke, daß du heute hier bist und daß wir zu dir reden können, weil wir wissen, daß du uns hörst.« Ein weiterer: »Ich danke dir für deine Liebe, daß du Jesus Christus gesandt hast, um für meine Sünden zu sterben.« Einer zitiert den Psalmisten: »Groß ist der Herr und hoch zu rühmen...« Ein anderer gibt vielleicht zu: »Herr, ich bekenne, daß ich heute abend nicht kommen wollte, aber ich danke dir jetzt, daß ich hier sein darf und daß du schon zu mir geredet hast.« Ein anderer bittet: »Ich bete, daß du meinen Freund Bernd zu dir ziehst, damit er Jesus Christus als seinen Herrn annimmt und als dein Jünger ein lebendiges Zeugnis für dich wird.« Noch einer stimmt ein: »Ich stimme diesem Gebet zu, Vater. Zeige uns, wie wir ihm das Evangelium recht sagen können.«

In dieser Art spontanen, vom Heiligen Geist gelenkten Gebets – man nennt es auch »Gesprächsgebet« – kann man natürlich mehrmals beten. Jedes Gebet sollte jedoch kurz gefaßt und auf das Wort Gottes gegründet sein.

Gott anreden

Es gibt eine weitverbreitete Gewohnheit, die wenig nachahmenswert ist. Es handelt sich um die Eigenart, im Gebet die Anrede »Herr Jesus« oder »Herr« zu wiederholen. Wie fragwürdig das ist, fällt einem erst auf, wenn man sich einmal eine Unterhaltung mit einem Freund namens »Christoph« vorstellt.

Können Sie sich folgendes Gespräch vorstellen: »Christoph, ich bin so froh, daß du gekommen bist. Christoph, vielen Dank für das Geschenk. Christoph, komm doch 'rein! Christoph dies und Christoph das!«? Wenn man Christophs Namen ein dutzendmal während einer zwei- oder dreiminütigen Unterhaltung nennen würde, wäre bestimmt weder ihm noch einem selbst ganz wohl zumute.

Trotzdem ist es eine – meistens unbewußte – Gepflogenheit vieler Christen, möglichst oft beim Beten Gottes Namen einzufügen. Es ist doch viel besser, Gott anzureden und die Gebetsanliegen vorzubringen, sei es Lob, Dank, Fürbitte, Flehen oder sonst etwas, und ihm dann zu danken, daß er uns hört und erhört. Vermeiden Sie es, den Namen Gottes oder Jesu immer wieder auszurufen, als seien Sie ein Prophet Baals, der versucht, Gott aufzuwecken oder seine Aufmerksamkeit zu erregen.[32] Derartiges Beten erregt bei anderen oft Anstoß, besonders bei Ungläubigen und jungen Christen. Noch schlimmer ist, wenn junge Christen dann anfangen, diese Art des Betens nachzuahmen.

VI. Was gehört zum Gebet?

Vier grundlegende Faktoren gehören zum Gebet und sollten darin möglichst in derselben Reihenfolge erscheinen wie ihre Anfangsbuchstaben im Alphabet: A, B, D, F. Es handelt sich dabei um Anbetung, Bekenntnis, Danksagung und Fürbitte.

Diese Faktoren wollen wir nun im einzelnen betrachten.

Anbetung Gottes

Anbetung: Gott anzubeten heißt, ihn zu verehren und zu preisen, ihn zu verherrlichen und ihn in unseren Herzen, in unseren Gedanken und mit unseren Lippen zu loben. Das Gebet wird leider oft mißverstanden als vager, mystischer Bestandteil unserer Beziehung zu einem heiligen, furchteinflößenden Gott. Aber diese Auffassung ist nicht biblisch: Gottes Wort lehrt vielmehr, daß Gott als unser Vater die Gemeinschaft mit seinen Kindern wünscht. Unser Verhältnis zu unserem himmlischen Vater sollte von völligem Vertrauen, Glauben und Gehorsam gekennzeichnet sein. Wir kommen zu ihm in Anbetung und Lob, mit Ehrfurcht und Ehrerbietung, mit Liebe und Dankbarkeit. Unser Gebet sollte ein Ausdruck unseres vollkommenen Vertrauens zu ihm sein und der Zuversicht, daß er uns erhört. Gebet ist viel mehr als Worte – es ist die Darlegung des Herzens vor Gott. Es ist ein Erlebnis und keine Tätigkeit.

Lautes Lesen von Lobpsalmen und ähnlichen Schriftstellen kann Ihre Gebetszeit sehr bereichern. Ein kaltes, undankbares Herz wird dann bald erwärmt sein und Gott preisen.

Solche Bemerkungen wie »Ach, du lieber Gott!« sind sehr unangemessen; denn der Gott der Bibel, der Vater Jesu Christi, ist ein Gott, dem Ehre und Anbetung zusteht. Er ist der allmächtige, heilige Gott und der Schöpfer aller Dinge. Dennoch darf ich ihm ohne Scheu mein Herz öffnen, ihm meine tiefsten Herzensnöte mitteilen und wissen, daß er nicht nur der allmächtige, heilige Gott, sondern auch mein liebender, himmlischer Vater ist. Er liebt mich mehr, versteht mich besser und setzt mehr Vertrauen in mich als irgend jemand anderes auf der Welt.

Ich bete in jeder beliebigen Stellung: mit geöffneten oder geschlossenen Augen, beim Gehen, im Bett, hörbar oder still. Aber am liebsten bete ich auf den Knien. Als erstes morgens nach dem Erwachen erkenne ich die Herrschaft Jesu in meinem Leben an und danke ihm, daß er mich liebt und sein Leben in mir und durch mich lebt. Ich bitte ihn, durch mich seinen Dienst, das »Suchen und Erretten der Verlorenen«, fortzusetzen und mich so zu gebrauchen, wie es ihm gefällt.

Mit der Sünde fertig werden

Bekenntnis: Für den Christen, der die Gemeinschaft mit Christus wieder neu herstellen möchte, fängt nach biblischer Ordnung das Gebet mit Sündenbekenntnis[33] an, gemäß Psalm 66, 18: »Wenn ich Unrechtes vorgehabt hätte (oder vorhabe) in meinem Herzen, so hätte der Herr nicht gehört (oder würde nicht hören)«, und Jesaja 59, 1: »Siehe, des Herrn Arm ist nicht zu kurz, daß er nicht helfen könnte, ...sondern eure Verschuldungen scheiden euch von eurem Gott, und eure Sünden verbergen sein Angesicht vor euch, daß ihr nicht gehört werdet.«

Sündenbekenntnis bereitet das Herz zur Anbetung, Danksagung und Fürbitte vor.

Wenn unsere Gebete mit anbetender Verehrung Gottes beginnen, wird der Heilige Geist uns die in unserem Leben vorhandenen Sünden offenbaren. Denn wenn wir Gott in seiner Heiligkeit und Liebe sehen, werden wir uns zugleich unserer eigenen Sünde und Unwürdigkeit bewußt werden. Macht der Heilige Geist uns auf »wissentlich begangene Sünden« aufmerksam, so werden wir diese wie auch »verborgene Sünden«, die wir begangen haben, bekennen wollen. So ist zur Aufdeckung unserer Sünden ein tägliches Warten und Verharren vor Gott notwendig.

Ebenso wie ein Mann, der in einem finsteren Bergwerksschacht mit einem schönen weißen Anzug herumläuft, nicht entdeckt, was mit seinem Anzug geschehen ist, bis er sich selbst im hellen Licht des Tages betrachtet, sind sich auch die meisten Menschen ihrer Sünden gar nicht bewußt, bis sie zu Christus, dem Licht der Welt, kommen.

Völlig aufrichtig

Seien Sie Gott gegenüber stets vollkommen aufrichtig. Setzen Sie keine Maske auf, und verstellen Sie sich nicht vor ihm. Sagen Sie Gott jederzeit genau, was Sie empfinden. Wenn Sie sich nicht geistlich gesinnt fühlen, sagen Sie es ihm. Wenn Ihr Herz kalt ist, bekennen Sie es ihm. Waren Sie ungehorsam, bekennen Sie es, und nehmen Sie seine

Vergebung und Reinigung, die Sie wieder in seine Gemeinschaft bringen, für sich in Anspruch.

Das griechische Wort für »bekennen« bedeutet wörtlich: »übereinstimmend dasselbe sagen«, d.h. mit Gott in bezug auf unsere Sünden eines Sinnes sein, wie es in 1. Johannes 1, 9 gelehrt wird. Wenn Sie dann Ihre Sünden bekennen, so bejahen Sie, daß Sie verkehrt gehandelt haben. Sie erkennen an, daß alle Ihre Sünden, vergangene, gegenwärtige und zukünftige, am Kreuz vergeben wurden. Und Sie tun Buße: kehren sich im Glauben ab von dem, was Gott mißfällt, hin zu dem, was Sie nach seinem Willen in der Kraft des Geistes tun sollen.

Wir brauchen uns nicht erst »geistlich« zu fühlen, um unsere Sünden zu bekennen. Sobald wir uns bewußt werden, daß wir gesündigt haben, ist die richtige Zeit dazu, unsere Sünden zu bekennen.

Vermeiden Sie Selbstbeschaulichkeit

Das Bekennen sollte realistisch und ehrlich sein. Hüten Sie sich jedoch vor ungesunder, extremer Selbstbeschaulichkeit. Nehmen Sie Gottes Vergebung an, konzentrieren Sie sich auf Christus und seine Liebe und auf die Tatsache, daß Sie zu ihm gehören. Der Christ sollte bereit sein, Gottes Vergebung anzunehmen und sein Verhalten dementsprechend zu ändern. Bekennen Sie nie zweimal denselben Akt des Ungehorsams. Denn wenn Sie das tun, heißt das, daß Sie Gott und seiner Zusage der Vergebung und Reinigung nicht glauben. Sollten Sünden, die Sie bereits bekannt haben, Sie trotzdem noch belasten, so fragen Sie sich, ob Sie die betreffenden Sünden wirklich aufrichtig und vollständig bekannt und eventuell auch wiedergutgemacht haben. Haben Sie beides getan, werden Ihre Schuldgefühle bzw. Zweifel an Gottes Vergebung von Satan, dem Ankläger der Gläubigen, verursacht. In diesem Fall verlassen Sie sich auf Gottes Verheißung, daß Ihnen vergeben wurde und Sie gereinigt sind; danken Sie dem Herrn Jesus, daß er Satan besiegt hat.

Danksagung

Danksagung: Nichts ist Gott wohlgefälliger als eine beständige Haltung des Glaubens. Und nichts kann unseren Glauben mehr zum Ausdruck bringen, als »Danke« zu sagen. Der Verfasser des Hebräerbriefes macht deutlich, daß es ohne Glauben unmöglich ist, Gott zu gefallen![34] Uns ist geboten, »dankbar in allen Dingen« zu sein, »denn das ist der Wille Gottes in Christus Jesus an euch«.[35] Das Danken zu unterlassen, wäre Ungehorsam gegen Gott.

Wenn wir mit dem Geist Gottes erfüllt sind und erkennen, daß er alle Dinge beherrscht, dann können wir Gott nicht nur für die vielen positiven Seiten unseres Lebens danken, sondern auch für die Probleme und Anfechtungen.

Ich schlage vor, daß Sie einmal still über alle Ihre täglichen Segnungen nachdenken: Sie kennen Christus als Ihren Erlöser; Sie haben Gewißheit der Sündenvergebung, Gelegenheit, Christus zu dienen; eine gute Ausbildung oder die Möglichkeit dazu; gute Gesundheit; Angehörige; eine gute Arbeitsstelle; genügend zu essen; Kleidung usw. Danken Sie Gott für jeden einzelnen Punkt, der bei Ihnen zutrifft.

Machen Sie sich dann eine Liste von allen Problemen, Enttäuschungen, Kümmernissen oder Anfechtungen, die in Ihrem Leben vorliegen, und danken Sie Gott für jeden einzelnen der aufgeführten Punkte, so wie er es uns aufgetragen hat. Danksagung zeigt, daß Sie wirklich Gott vertrauen. Der Ausdruck Ihres Glaubens ist Gott wohlgefällig und erlaubt es ihm, sich um Ihretwillen mächtig zu erweisen. Eine negative und ungläubige Einstellung hingegen mißfällt Gott und hindert ihn, Ihr Leben zu segnen und zu bereichern und Sie zu seiner Ehre zu gebrauchen.

Bitten für alles

Fürbitte: Für viele Christen ist das Beten wie Schaufensterbummeln. Sie verbringen viel Zeit mit dem Anschauen, kaufen aber nie etwas. Wir sollen für alle Anliegen beten und sie ganz konkret vor Gott aussprechen. Paulus ermahnt uns: »Sorget nichts, sondern in allen Dingen lasset eure Bitten im Gebet und Flehen mit Danksagung vor Gott kund werden!«[36] Fürbittegebete schließen Bitten für andere und Bitten für uns selber ein.

Viele Christen sind sich oft der Bedeutung der Fürbitte nicht bewußt. Der Apostel Paulus betete unablässig für die durch ihn Bekehrten[37] und bat sie, gleichfalls für ihn zu beten.[38] Jeder Christ sollte für andere Christen beten und andere Christen ermutigen, für ihn zu beten.

Persönliche Bitten

Beten Sie zuerst für sich selbst, daß Sie erneuert und belebt werden, daß Sie wach und lebendig, schwungvoll, erfrischt und dem Heiligen Geist gegenüber stets aufgeschlossen sind und von ihm bevollmächtigt werden. Beten Sie über Ihre Probleme, beten Sie um Weisheit und Führung, beten Sie um Kraft, Versuchungen zu widerstehen, beten Sie um Trost in Zeiten der Trauer – beten Sie in allen Dingen. Nichts ist zu unbedeutend oder zu groß, um im Gebet vor Jesus Christus gebracht zu werden.

Fürbitte für andere

Beten Sie täglich für Ihren Mann oder Ihre Frau, für Ihre Kinder oder Ihre Eltern. Beten Sie auch für Ihre Nachbarn und Freunde, für Ihren Pfarrer und für Missionare. Beten Sie für andere Christen, denen Gott besondere Berufungen gegeben hat. Beten Sie für Ihre Regierung und alle, die schwerwiegende Verantwortung tragen.

Beten Sie besonders dafür, daß Menschen ihr Leben Jesus Christus anvertrauen, für tägliche Gelegenheiten, andere zu einer persönlichen Beziehung mit Jesus Christus zu führen, sowie für die Erfüllung des Missionsauftrags Christi in unserer Generation. Fangen Sie mit Ihrer Universität oder in Ihrer Nachbarschaft an. Beten Sie darum, einen oder mehrere Christen zu finden, mit denen Sie eine Gebetsgemeinschaft bilden können.

Viele, die das große »Abenteuer« des Gebets entdeckt haben, haben sich ein besonderes Buch angelegt, in das sie ihre Gebetsanliegen hineinschreiben, und zwar mit dem Datum der Bitte und dem Datum der Erhörung. Vielleicht bedienen Sie sich einer ähnlichen Methode zur Stärkung Ihres Glaubens, wenn nicht alle Ihre Gebete sogleich beantwortet werden. In seiner Weisheit und Allmacht wird Gott manche Gebete gar nicht oder ganz anders, als wir uns vorstellen, beantworten.

VII. Wie können wir mit Zuversicht beten?

Wann dürfen wir Gebetserhörungen erwarten? Wenn wir folgende Voraussetzungen erfüllen: Bleiben, bitten, glauben, empfangen.

In Jesus bleiben

Jesus betonte, daß das Bleiben in ihm der Schlüssel zu dem Beten ist, das von Gott erhört wird. Er sagte: »Wenn ihr in mir bleibt und meine Worte in euch bleiben, werdet ihr bitten, was ihr wollt, und es wird euch widerfahren.«[39] Anders ausgedrückt: Wenn wir in Christus bleiben, wenn unser Leben ihm völlig hingegeben ist und wir sein Wort lesen und ernst nehmen, so daß wir seinen Willen erkennen, dann können wir bitten, was wir wollen, weil es *unser Wille* ist, *seinen Willen* zu tun.

»Bleiben« bedeutet also: im Heiligen Geist zu leben, alle entdeckten Sünden zu bekennen und Gott ganz verfügbar zu sein. Wenn wir nach seinem Willen beten, wissen wir, daß er uns gibt, worum wir ihn bitten.[40]

Wir müssen bitten

Wollen wir unsere Gebete beantwortet haben, so müssen wir Gott darum bitten. Jakobus sagt: »Ihr habt nicht, darum daß ihr nicht bittet.« Oder: »Wenn ihr aber um etwas bittet, bekommt ihr es nicht, weil ihr schlechte Absichten habt; denn ihr bittet um Dinge, mit denen ihr doch nur eure unersättliche Gier befriedigen wollt.«[41] Dem Herrn Jesus gehört die höchste Autorität, und er sagte: »Was ihr mich bitten werdet in meinem Namen, das will ich tun.«[42] – »Bisher habt ihr nichts gebeten in meinem Namen. Bittet, so werdet ihr nehmen, daß eure Freude vollkommen sei.«[43] – »Bittet, so wird euch gegeben; suchet, so werdet ihr finden; klopfet an, so wird euch aufgetan. Denn wer da bittet, der empfängt; und wer da sucht, der findet; und wer da anklopft, dem wird aufgetan.«[44]

Die ungelösten Probleme in der Welt sind so vielfältig, daß man sie fast nicht zählen kann. Menschen sind immer noch krank; es gibt so viele, die noch nie etwas von Christus gehört haben; einzelne oder Gruppen von Menschen üben immer noch ihre gottlose politische oder finanzielle Macht aus; viele Ungerechtigkeiten werden unaufhörlich begangen. Dies alles hängt nicht zuletzt damit zusammen, daß Gottes Kinder nicht bitten!

Glaube ist notwendig

Jesus hat versprochen: »Und alles, was ihr bittet im Gebet, wenn ihr glaubet, werdet ihr's empfangen.«[45] Dies steht hinter jeder Gebetserhörung. Wie aber erhält man Glauben? Versuchen Sie, sich innerlich erst einmal in die rechte Verfassung zu bringen, um dadurch so etwas wie Glauben zu erlangen? Natürlich nicht.

Gott verlangt von uns keinen großen Glauben. Wir sollen jedoch Glauben an einen großen Gott haben. Jesus sagte: »Ich versichere euch: wenn euer Vertrauen auch nur so groß ist wie ein Senfkorn, dann könnt ihr zu diesem Berg sagen: ›Geh von hier nach dort‹, und er wird es tun. Dann ist euch nichts mehr unmöglich.«[46] Weiterhin werden wir angewiesen: »Ihr müßt ihn aber in festem Vertrauen bitten und dürft nicht im geringsten zweifeln. Wer zweifelt, gleicht einer Welle im Meer, die vom Wind auf- und niedergetrieben wird. So einer kann nicht erwarten, daß er vom Herrn etwas empfängt; denn er ist unentschlossen und schwankend in allem, was er unternimmt.«[47]

Die Qualität und nicht die Quantität des Glaubens ist ausschlaggebend.

Glaube kommt von Gott.[48] Es ist nicht etwas, das man krampfhaft zu besitzen versucht, sondern der Heilige Geist ruft ihn in Ihnen hervor, während Sie mehr und mehr im Glauben und Gehorsam zu leben beginnen. Deshalb ist es so wichtig, mit dem Heiligen Geist erfüllt zu sein, während Sie beten: Sie müssen mit ihm und seinen Anliegen übereinstimmen. Es ist nicht möglich, selbst die Kontrolle über das eigene Leben auszuüben und trotzdem im Glauben zu beten. Ein Glaubensleben erfahren nur die, die im Gehorsam leben. Sie werden nie einem Menschen begegnen, der Glauben an einen großen Gott hat und sich weigert, dem Gott gehorsam zu sein, auf den er sein ganzes Vertrauen setzt.

Der Heilige Geist benutzt vorwiegend drei Mittel, um im Betenden Glauben hervorzurufen.

Das Wort Gottes

Zuerst benutzt er das Wort Gottes. Beim Studieren der Schrift erfahren wir mehr und mehr über Gott – über seine Liebe, seine Weisheit, seine Kraft, seine Werke, seine Allmacht. Je mehr wir Gott erkennen, um so mehr vertrauen wir ihm. »So kommt der Glaube aus der Predigt (dem Hören), das Predigen aber durch das Wort Christi.«[49]

Erlebnisse anderer Christen

Zweitens benutzt der Heilige Geist die Gemeinschaft mit anderen Christen und verschiedene Umstände und Erlebnisse, um unseren Glauben zu stärken. Unser Glaube wächst z.B., wenn wir sehen, wie Gott im Leben von anderen Christen wirkt. Ein Freund wird von Gott dazu gebraucht, andere zu Christus zu führen, und teilt uns diese Erfahrung mit. Dadurch werden wir ermutigt zu glauben, daß Gott auch uns gebrauchen kann.

Starke Eindrücke

Drittens ruft der Heilige Geist im Herzen des Beters Glauben hervor durch starke Eindrücke oder Überzeugungen, die er vermittelt. Wie Paulus uns in Philipper 2, 13 sagt: »Denn Gott ist's, der in euch wirkt beides, das Wollen und das Vollbringen, zu seinem Wohlgefallen.«

Wenn Sie einen Eindruck gewinnen und glauben, er sei von Gott, und dieser Eindruck wird stärker, so sollten Sie annehmen, daß Gott Sie führt, falls die drei folgenden Voraussetzungen vorhanden sind. Erstens: Sie wissen, daß Sie vom Heiligen Geist erfüllt und beherrscht sind; zweitens: die Führung steht im Einklang mit den Aussagen der Bibel; drittens: Sie haben keine fleischlichen oder selbstsüchtigen Motive, sondern es ist Ihr einziges Verlangen, Gott zu verherrlichen.

Was Glaube vermag

Fünf Oberschüler wurden sich ihrer Verantwortung vor Gott gemäß Matthäus 28, 18–20 bewußt. Es wurde ihnen aufs Herz gelegt, daß jeder von ihnen drei Freunde für Christus gewinnen sollte. In der ersten Woche trafen sie sich täglich zum Gebet, daß diese Feunde sich bewußt werden sollten, daß sie Gott brauchten. In der zweiten Woche beteten sie, daß Gott sie zu seinen Werkzeugen machen möchte. In der dritten Woche beteten sie um Gelegenheiten, mit ihren Freunden über Christus zu reden. In derselben Woche nahmen diese 15 Schüler Jesus Christus als ihren Herrn an.

Aufgrund der Verheißung: »Euch wird nichts unmöglich sein« (Matth. 17, 20), haben wir es nicht nötig, uns auf traditionelle Methoden der Evangelisation zu beschränken. Geben Sie sich nicht mit Kraftlosigkeit, Fruchtlosigkeit und Mittelmäßigkeit zufrieden; Glauben Sie Gott! Er sagt: »Alles, was ihr bittet im Gebet, wenn ihr glaubet, werdet ihr's empfangen.«[50]

Empfangen der Antwort

Empfangen Sie durch den Glauben die Antwort auf Ihre Bitte. Wenn Sie wissen, daß Ihr Verhältnis zu Christus ungetrübt ist, daß Sie vom Heiligen Geist beherrscht sind und daß Sie nach dem Wort und Willen Gottes beten, dann dürfen Sie von Gott eine Gebetserhörung erwarten; bereiten Sie sich deshalb schon jetzt auf diesen Moment vor. Rechnen Sie fest damit, daß Sie die Antwort auf Ihre Bitte erhalten werden, und fangen Sie an, Gott für diese Antwort zu danken.

Biblische Vollmacht

Es ist eine einfache Tatsache, daß alles unausbleiblich geschehen muß, was wir geistlich wahrnehmen, sehnlichst verlangen, ernsthaft glauben und dann mit Begeisterung ausführen – vorausgesetzt natürlich, daß wir in biblischer Vollmacht handeln.

Denken wir in diesem Zusammenhang an den Missionsbefehl Christi. Seit vielen Jahren, nämlich seit dem denkwürdigen Augenblick, in dem Gott mir das Glaubensziel für dieses Werk und für die Welt gab, habe ich den starken Eindruck, daß der Heilige Geist den Missionsauftrag in unserer Generation zur Erfüllung bringen will. Einen entsprechenden Anfang zu machen, dazu gaben die damaligen Umstände wenig Anlaß; dennoch habe ich seit dem ursprünglichen tiefen Eindruck über nichts anderes so intensiv nachgedacht wie über die Möglichkeit der Ausführung dieses Auftrags.

Eine klare Vorstellung

Ich habe eine klare Vorstellung davon, was die Erfüllung des Missionsbefehls bedeutet: in jedem Land der Welt so viele Jünger Jesu zu gewinnen, daß jeder Bewohner der Erde die Möglichkeit hat, mit der Botschaft Jesu Christi erreicht zu werden. Dabei sollen auch alle modernen Verkehrs- und Kommunikationsmittel, die uns heute zur Verfügung stehen, eingesetzt werden, um die Liebe Gottes weltweit zu verkündigen.

Erfüllung des Missionsbefehls bedeutet nicht, daß jemals die Situation eintritt, daß alle Menschen zu überzeugten Christen werden. Die Bibel sagt in aller Nüchternheit, daß dies niemals geschehen wird. Gott läßt den Menschen die Freiheit, getrennt von ihm leben zu wollen. Es sollen jedoch alle Menschen aller Nationen, Gebiete, Sprachen und Stämme so umfassend und schriftgemäß mit dem Evangelium vertraut gemacht werden, daß jeder einzelne aufgrund dessen, was er gehört hat, in der Lage ist, sich bewußt für Jesus Christus zu entscheiden.

Vor meinem geistigen Auge sehe ich ganz konkret in naher Zukunft, wie Millionen auf Erden sich der großen Wahrheiten über Gottes Liebe und Vergebung in Jesus Christus bewußt werden und ihn als ihren persönlichen Herrn annehmen. Da ich weiß, daß die Erfüllung des Missionsbefehls Gottes Wille ist, weil es sein Gebot und das Verlangen seines Herzens ist, erstrebe ich sehnlichst seine Ausführung.

Ernsthafter Glaube

Des weiteren glaube ich ernstlich, daß der Missionsbefehl erfüllt werden wird, weil er Gottes Gedanken entspringt und nicht menschlicher Einbildung. Er ist keine »fixe Idee« einiger christlicher Phantasten. Deshalb kann ich mir nicht vorstellen, daß der Herr seinen Jüngern den Befehl (Matth. 28, 18–20) erteilt hätte, ohne auch die Ausführung von uns zu erwarten und uns die nötigen Mittel dazu zu geben.

Halten Sie es für denkbar, daß unser Erlöser am Kreuz sein Leben für uns dahingäbe, um uns dann mit den Worten: »Gott segne euch und viel Glück! Tut euer Bestes!« die Erfüllung des Missionsbefehls zu überlassen? Nein! Alle Gewalt im Himmel und auf Erden gehört ihm, und er hat versprochen, mit uns zu gehen und uns als seine Zeugen auszurüsten und zu bevollmächtigen.

Ans Werk mit Begeisterung

Und schließlich, weil ich mir die Erfüllung des Missionsbefehls in unserer Generation so lebhaft vorstelle, sehnlichst wünsche und ernsthaft daran glaube, kann ich mich auch begeistert ans Werk machen, indem ich selbst bereit bin, zu dieser Erfüllung beizutragen, und viele andere Christen dazu auffordere.

Persönliches Handeln

Ersehen Sie aus Ihrem eigenen Leben – Ihrem Zuhause, Ihrem Wohnort, Ihrem Volk und den Bereichen, die für Sie ganz persönlich bedeutsam sind –, was Gott Sie auf klarer biblischer Grundlage lebhaft wahrnehmen, sehnlichst verlangen, ernsthaft glauben und begeistert ausführen lassen will, um mitzuhelfen, den Missionsbefehl Christi zu erfüllen.

Es kann sein, daß Gott Sie leitet, außer für Ihren eigenen Wirkungskreis noch für das Personal einer Radio- und Fernsehstation oder eines Zeitungsverlags zu beten, damit diese zu »Werkzeugen der Gerechtigkeit« werden. Vielleicht möchte er, daß Sie für eine Schule, eine Universität, eine Firma, ein Gefängnis oder ein Wohnviertel beten, daß Christus dort bekannt werde; oder daß jedes Haus in Ihrem Wohnort von ausgebildeten Mitarbeitern besucht wird, die liebevoll, verständlich und unter

Gebet die Bedeutung Jesu Christi aufzeigen können.

Noch größere Werke

Denken Sie daran, daß Sie im Gebet eine Einflußmöglichkeit besitzen, durch die der Lauf der Geschichte verändert werden kann. Gottes mächtige Kraft, seine Liebe, seine Weisheit und seine Gnade stehen zu Ihrer Verfügung, wenn Sie ihm nur glauben und sie in Anspruch nehmen wollen. Jesus versprach, daß wir Werke tun würden wie er – und noch größere.

Aufgrund des Vorbildes unseres Herrn, als er hier auf Erden lebte, und aufgrund seiner jetzigen Stellung als unser Fürsprecher beim Vater dürfen wir mit Gewißheit sagen, daß das Gebet das größte Vorrecht des christlichen Lebens ist und die stärkste Kraftquelle, die der Mensch kennt. Wenn wir nur die Verheißungen Gottes ernst nähmen und im Gebet all das beanspruchten, was uns zugesagt wurde, dann würden wir erneut Wunder erleben, große Scharen von Menschen würden zu Jesus Christus kommen, der ganze Lauf der Geschichte würde sich ändern, und wir würden den Missionsauftrag Christi in der ganzen Welt erfüllt sehen.

Bitte beten Sie mit mir: »Vater, wir denken an deine Ermahnung: ›Ihr habt nicht, darum daß ihr nicht bittet.‹ Wir sind entschlossen, jetzt im Gebet die mächtigen Siege zu beanspruchen und auszurufen, die du zu deiner Verherrlichung allen denen versprochen hast, die an Jesus Christus, deinen Sohn, glauben. In seinem allmächtigen Namen beten wir zu dir. Amen.«

Wir bitten Gott um Millionen von Gebetspartnern, die mit uns in gläubigem Gebet für die Erfüllung des Missionsbefehls in aller Welt stehen wollen. Beten Sie mit uns, daß der Herr der Ernte Millionen von Jüngern aussenden möge, um mit Gemeinden aller Denominationen und mit verschiedenen Bewegungen und Organisationen zusammenzuarbeiten, die dieses gemeinsame Anliegen haben, Menschen auf Jesus Christus hinzuweisen.

Beten Sie auch dafür, daß der Heilige Geist Menschen auf der ganzen Welt für das Evangelium vorbereiten wird, und für die Bereitstellung der finanziellen und materiellen Mittel, die zur Durchführung dieser von Gott gestellten Aufgabe notwendig sind.

Beten Sie für Ihr Land, seine politische Situation, seine Führungskräfte in allen Bereichen des öffentlichen Lebens, für Ihren Wohnort und für Ihre Gemeinde. Lesen Sie dazu auch den Hinweis auf die »Gebetsbewegung« auf Seite 62.

Fangen Sie an, täglich dafür zu beten, daß Gott Sie gebrauchen wird, um anderen von besonderem Segen zu sein und andere zu Christus zu führen, damit Sie auf diese Weise mithelfen, daß der Missionsbefehl in dieser Generation erfüllt wird.

Verzeichnis der Bibelstellen

1. Jeremia 33, 3
2. Kolosser 2, 9
3. Matthäus 28, 18–20
4. Johannes 14, 14
5. Hebräer 4, 16/Gute Nachricht
6. 2. Kor. 3, 18
7. 1. Timotheus 2, 5/GN
8. Johannes 14, 6
9. Johannes 14, 14
10. Psalm 66, 18
11. Markus 11, 25/GN
12. Matthäus 6, 11. 12
13. Matthäus 28, 18
14. Matthäus 28, 20
15. Johannes 14, 14
16. Matthäus 21, 22/GN
17. Matthäus 9, 29
18. Johannes 14, 13
19. Jeremia 33, 3
20. 1. Thessalonicher 5, 17
21. Matthäus 26, 41
22. Philipper 4, 6
23. 1. Korinther 14, 15
24. Lukas 18, 1
25. 1. Timotheus 2, 2
26. Epheser 6, 19
27. Apostelgeschichte 4, 29
28. Sprüche 15, 8
29. Johannes 11, 43
30. Jakobus 5, 17. 18
31. Römer 8, 26. 27/GN
32. 1. Könige 18, 26. 27
33. 1. Johannes, 1, 9
34. Hebräer 11, 6
35. 1. Thessalonicher 5, 18
36. Philipper 4, 6
37. Epheser 1, 15. 16
38. Epheser 6, 19
39. Johannes 15, 7
40. 1. Johannes 5, 14. 15
41. Jakobus 4, 3/GN
42. Johannes 14, 14
43. Johannes 16, 24
44. Matthäus 7, 7.8
45. Matthäus 21, 22
46. Matthäus 17, 20/GN
47. Jakobus 1, 6–8/GN
48. Epheser 2, 8.9
49. Römer 10, 17
50. Matthäus 21, 22

Alle Bibelstellen – wenn nicht anders angegeben – sind zitiert aus: DIE BIBEL. Nach der Übersetzung Martin Luthers. Revidierte Fassung von 1984. © Deutsche Bibelgesellschaft Stuttgart.

GN = Die Bibel in heutigem Deutsch. Die Gute Nachricht des Alten und Neuen Testaments. © Deutsche Bibelgesellschaft Stuttgart, 1982.

Fragen zum Nachdenken

1. Was ist Gebet?
2. Wer ist nach der Bibel berechtigt, zu beten und von Gott Gebetserhörungen zu erwarten?
3. Warum sollten wir beten?
4. Warum sollten wir im Namen Jesu beten?
5. Was heißt »beten ohne Unterlaß«?
6. Warum ist es wichtig, täglich eine bestimmte Gebetszeit einzuhalten?
7. Worin liegt der Wert des Gebets in kleinen Gruppen? Was ist »spontanes« Gebet oder »Gesprächsgebet«?
8. Beschreiben Sie die vier Aspekte des Gebets nach den Anfangsbuchstaben A, B, D, F. Was ist die Bedeutung jedes einzelnen Aspekts?
9. Nennen Sie einige entscheidende Voraussetzungen für Gebetserhörungen. Erklären Sie, warum sie so wichtig sind.
10. In welcher Beziehung steht der Heilige Geist zum Gebetsleben des Christen?
11. Warum muß das Gebet der Evangelisation und der Erfüllung des Missionsbefehls Christi zugrunde liegen?

Studienanleitung

1. Arbeiten Sie dieses Konzept mehrmals durch, das hilft Ihnen, mit dem Inhalt gut vertraut zu werden. Die Anwendung der in diesem Buch dargestellten Prinzipien wird Ihnen ermöglichen, Ihr Gebetsleben zu erfrischen und vollmächtig werden zu lassen. Gott wird Sie gebrauchen können, durch Gebet die vielen Segnungen in Anspruch zu nehmen, die er schenken will. Das wird nicht nur in Ihrem eigenen Leben von großer Bedeutung sein, es wird Sie auch befähigen, Ihren Teil zu einer großen geistlichen Erweckung in aller Welt beizutragen.
2. Lernen Sie folgende Verse mit der Bibelstelle auswendig:
   Matthäus 21, 22: »Und alles, was ihr bittet im Gebet, wenn ihr glaubet, werdet ihr's empfangen.«
   Johannes 15, 7: »Wenn ihr in mir bleibet und meine Worte in euch bleiben, werdet ihr bitten, was ihr wollt, und es wird euch widerfahren.«
   Das Auswendiglernen wird Ihnen leichter fallen und dauerhafter sein, wenn Sie es eine Woche lang täglich wiederholen, anstatt zu versuchen, alles an einem Tag zu erlernen. Wiederholen Sie gegebenenfalls auch die Verse aus den anderen Konzepten.
3. Studieren Sie die »Fragen zum Nachdenken« auf seite 47 und das Bibelstudium auf Seite 55.
4. Nehmen Sie an einem Gruppengespräch teil, bei dem die »Fragen zum Nachdenken« bzw.

das Bibelstudium benutzt werden. Wenn Sie noch an keiner Bibelgesprächsgruppe oder an keinem Arbeitskreis teilnehmen, wo die »Mitteilbaren Konzepte« studiert werden, können Sie eine eigene Gruppe bilden, indem Sie andere dazu einladen. Beim Besprechen der »Fragen zum Nachdenken« tauschen Sie sich gegenseitig darüber aus, was Gott Sie über das Beten lehrt. Teilen Sie den anderen auch Ihre Gedanken darüber mit, wie Sie diese Prinzipien in Ihrem Leben anzuwenden gedenken und wie Sie planen, sie anderen weiterzugeben.

5. Machen Sie den Inhalt dieses Konzepts »Wirksames Gebet – Wie lernt man das?« zu Ihrer Lebensweise, indem Sie folgendes praktizieren:
   a) Halten Sie täglich eine bestimmte Zeit des Bibellesens und Gebets ein. Suchen Sie sich die Zeit aus, die Ihnen und Ihrem Tagesplan am besten entspricht. Viele ziehen die frühen Morgenstunden vor. Andere halten andere Tageszeiten ein. Beginnen Sie diese »Stille Zeit« mit einem kurzen Gebet. Verbringen Sie dann einige Zeit mit Bibelstudium. Schließen Sie mit einer längeren Gebetszeit. Beziehen Sie auf alle Fälle die Aspekte der Anbetung, des Sündenbekenntnisses, der Danksagung und der Fürbitte mit in Ihr Gebet ein.
   b) Bitten Sie Gott um Weisung, wofür Sie beten sollen. Achten Sie immer auf die Leitung des Heiligen Geistes. Führen Sie ein Gebets-Tagebuch. Schreiben Sie jedes Anliegen auf und dazu das Datum, an dem Sie anfingen, dafür zu beten. Schreiben Sie auch das Datum der Gebetserhörung dazu. Schließen Sie in Ihrer Gebetsliste regelmä-

ßiges Gebet für geistliche Erweckung in aller Welt mit ein sowie die Erfüllung des Missionsbefehls Christi.

c) Bleiben Sie stets, überall und in allem, was Sie tun, in einer Haltung des Gebets.

d) Benutzen Sie die kurze Inhaltsangabe zu Beginn des Buches oder die folgende Zusammenfassung, um diese lebenswichtige Wahrheit anderen weiterzugeben. Tun Sie das, so oft Sie können. Stellen Sie allen, mit denen Sie gesprochen haben, ein Konzept zur Verfügung, so daß sie ebenfalls das Material gründlich studieren und anderen weitergeben können.

6. Nehmen Sie an einer Gebetsgruppe teil, oder gründen Sie selbst eine solche, in der Sie lernen können, diese Prinzipien gemeinsam anzuwenden. Auf dem gemeinsamen Gebet liegt eine besondere Verheißung unseres Herrn.
   Beten Sie für Ihre persönlichen Anliegen, für die Ihrer Gemeinde, unseres Landes und der ganzen Welt.

Zusammenfassung

(als Hilfe zum selbständigen Erarbeiten und Vortragen)

Einleitung

A. Wenn Sie zum Gebet niederknien, haben Sie die Vollmacht und das Vorrecht, sich von Gott dazu gebrauchen zu lassen, das Leben anderer zu verändern (Joh. 14, 12).
B. Unglaube hindert uns daran, von dieser Kraft Gebrauch zu machen.
C. Die Jünger des ersten Jahrhunderts wußten, wie man betet und durch den Glauben die Kraft des allmächtigen Gottes in Anspruch nimmt, um den Lauf der Geschichte zu beeinflussen. Wir dienen heute demselben Gott.

I. Was ist Gebet?

A. Beten ist Kommunikation mit Gott.
B. Es ist der Kanal für die Segensquellen Gottes in bezug auf unsere Bedürfnisse (Hebr. 4, 16).

II. Wer kann wirksam beten?

A. Jeder, der zu Christus gehört.
B. Jeder, der in der Vollmacht und im Namen Jesu Christi zu Gott kommt.
C. Jeder, der mit reinem Herzen zu Gott kommt.
D. Jeder, der eine vergebungsbereite Gesinnung hat.
E. Jeder, der im Glauben kommt.

III. Warum sollen wir beten?

A. Um Gott zu verherrlichen.
B. Weil Gott es befohlen hat.
C. Um Austausch mit Gott zu haben.
D. Um Gemeinschaft mit Gott zu haben.
E. Wegen des Vorbildes unseres Herrn.
F. Wegen des Vorbildes der Jünger und Apostel.
G. Weil Gott Gebet erhört.
H. Um geistlich zu wachsen.

IV. Zu wem beten wir?

A. Wir beten zum Vater im Namen des Herrn Jesus Christus und durch den Dienst des Heiligen Geistes.
B. Da Gott ein einiger Gott ist, der sich in drei Personen manifestiert, ist es ebenso möglich, zu Jesus oder auch zum Heiligen Geist zu beten.
C. Wir beten zu dem einen, der König aller Könige und Herr aller Herren ist, dem Schöpfer Himmels und der Erde.

V. Wann sollten wir beten?

A. In gewissem Sinne sollten wir ohne Unterlaß beten, mit Gott vielmals während des Tages über alles reden.
B. Wir sollten aber auch bestimmte Gebetszeiten während des Tages einhalten.
   1. Das Lesen und Studieren der Bibel hilft uns, für das Gebet vorbereitet zu sein. Beten Sie deshalb mit aufgeschlagener Bibel.
   2. Reden Sie mit Gott, und lassen Sie ihn durch sein Wort zu sich reden.
C. Gruppengebet sollte ebenfalls ein wichtiger Teil im Gebetsleben des Christen sein.

1. Gebetsversammlungen sind oft langweilig und reizlos, weil die teilnehmenden Christen in ihrem persönlichen Leben wenig beten.
2. Im spontanen Gebet oder Gesprächsgebet betet jeder kurz und bringt möglichst nur einen Bereich der Anbetung oder der Fürbitte vor Gott. Jeder kann mehrmals beten, wie der Heilige Geist ihn führt.

VI. Was gehört zum Gebet?

A. Anbetung zu Beginn der Gebetszeit dient dazu, ausschließlich auf Gott zu schauen und unsere Einstellung zu korrigieren.
B. Bekenntnis von Sünden ergibt sich folgerichtig aus der Betrachtung von Gottes Gerechtigkeit und Heiligkeit.
C. Danksagung »in allen Dingen« kann dann im Glauben folgen.
D. In der Fürbitte bringen wir konkret unsere Gebetsanliegen vor Gott.

VII. Wie können wir mit Zuversicht beten?

A. Das Bleiben in Christus und in seinem Wort ist notwendig, damit wir seinem Willen gemäß beten.
B. Bitten Sie, denn Jesus sagte: »Was ihr mich bitten werdet in meinem Namen, das will ich tun« (Joh. 14, 14).
C. Glauben Sie Gott: »Und alles, was ihr bittet im Gebet, wenn ihr glaubet, werdet ihr's empfangen« (Matth. 21, 22).
D. Erwarten Sie im Glauben und mit Danksagung die Erhörung Ihrer Bitten.

Was auch immer Sie geistlich wahrnehmen, sehnlichst verlangen, ernsthaft glauben und begeistert ausführen, wird unausbleiblich geschehen – vorausgesetzt, Sie handeln in biblischer Vollmacht.

1. Stellen Sie sich vor, welche konkreten Veränderungen aufgrund der Erhörung Ihrer Gebete geschehen werden.
2. Verlangen Sie sehnlichst das Eintreten dieser Veränderungen, bitten Sie Gott darum.
3. Glauben Sie ernsthaft daran, daß Gott Sie befähigen wird, alles auszuführen, was er Ihnen aufgetragen hat.
4. Arbeiten Sie begeistert an dem Werk mit, das Gott Ihnen als Gebetsanliegen gab. Seien Sie selbst treu in der Mitarbeit, und helfen Sie mit, daß es auch anderen Menschen ein Anliegen wird, zur Erfüllung des Missionsbefehls beizutragen.
5. Beanspruchen Sie im Glauben als Ihr Teilgebiet zur Erfüllung des Missionsbefehls den Einflußbereich, den Ihnen Gott aufs Herz legt.

Bibelstudium

1. Lesen Sie Psalm 92, 1–6 und erklären Sie in eigenen Worten, warum Anbetung von solcher Wichtigkeit für unser Gebetsleben ist.

 ____

 ____

2. Was hat Gott denen verheißen, die ihre Sünden bekennen? (1. Johannes 1, 9)

 ____

 ____

3. Wie sollte unsere Haltung anderen gegenüber sein, während wir beten? (Markus 11, 25)

 ____

 ____

4. Wodurch kann die Erhörung unserer Gebete blockiert werden? (Psalm 66, 18)

 ____

 ____

5. Wann und wofür sollten wir Dank sagen? (1. Thessalonicher 5, 18; Epheser 5, 20)

 ____

 ____

Warum ist das Danksagen für unser persönliches Glaubensleben so bedeutsam?

____

____

6. Was steht in Philipper 4, 6 bezüglich unserer Bitten?

____

____

7. Wenn wir gemäß dieser Aufforderung all unsere Fragen, Sorgen, Probleme und Nöte vor den Herrn bringen, was verspricht er uns dann? (Philipper 4, 7)

____

____

8. Für wen sollten wir bitten und warum? (1. Timotheus 2, 1–4)

____

____

In welcher Beziehung steht dies zur Erfüllung des Missionsauftrags?

____

____

9. Wie ist das Gebot in 1. Thessalonicher 5, 17 zu verstehen?

____

____

10. Was können nach Jakobus 4, 2–3 die Gründe dafür sein, warum Gott unsere Wünsche nicht erfüllt?

____

____

11. Was ist eine wichtige Voraussetzung dafür, daß unsere Gebete erhört werden? (Johannes 15, 7)

____

____

12. Was ist notwendig, wenn wir Gott ein ganz konkretes Gebetsanliegen bringen? (Matthäus 21, 22)

____

____

13. Was spielt beim Gruppengebet eine wichtige Rolle? (Matthäus 18, 19–20)

____

____

14. Warum hat Ihrer Meinung nach Jesus Christus dem Gebet zu zweit oder dritt solch eine besondere Bedeutung beigemessen?

____

____

Wie geht es jetzt weiter?

»Herzlichen Glückwunsch« möchten wir Ihnen sagen, wenn Sie alle 9 Taschenbücher dieser Serie durchgearbeitet haben! Sicher sind Sie in Ihrem Glaubensleben dadurch gewachsen und haben entdeckt, wie spannend ein Leben sein kann, wenn es in enger Verbindung mit Gott gelebt wird. Wie kann das Begonnene fortgesetzt werden?

Im folgenden erhalten Sie einige Literaturhinweise für die Vertiefung Ihres Gebetslebens. Alle diese Schriften sind in der Praxis entstanden und deswegen gut einsetzbar.

»Wenn mein Volk betet«
Anleitung zum persönlichen und gemeinsamen Gebet

Ein praktisches Handbuch zum Thema »Gebet«. Es enthält viele brauchbare Anregungen für diesen Bereich unseres christlichen Lebens. Neben dem persönlichen Teil wird ein weiterer Schwerpunkt auf das *gemeinsame* Gebet und die Anleitung dazu gelegt, z.B. wie man lernt, in einer Gruppe frei und laut zu beten.
132 Seiten. Herausgegeben vom »Institut für Gemeindeaufbau«.

»Gebets-Tagebuch«

Dieses Ringbuch bietet Platz zum Eintragen Ihrer täglichen Gebetsanliegen, unterteilt in Themen wie

»Freunde«, »Außenstehende«, »Mission« u. v. a. Darüber hinaus gibt es Ihnen Anregungen zum Gebet und Texte zur Anbetung. Auch (einlegbare) Seiten für Ihre Notizen über die »Stille Zeit« sind vorhanden. Das Ringbuch kann fortlaufend ergänzt bzw. nach persönlichen Bedürfnissen zusammengestellt werden. Diese äußere Ordnung hilft, sich auf das Wesentliche zu konzentrieren, denn alles ist an seinem Platz, die »fliegenden Zettel« haben ein Ende.
180 Seiten, Einzelblätter im Format DIN A6.

»Siegreiches Gebet«
Ein Studienheft der Serie »Zehn Schritte zur geistlichen Reife«

In sieben Lektionen wird das Thema anhand vieler Bibelstellen gründlich erarbeitet. Geeignet für das Studium allein oder in Gruppen.
36 Seiten, Studienheft DIN A5

Ole Hallesby: »Vom Beten«

Der norwegische Theologieprofessor weist in feinfühliger und ausgewogener Art und Weise den Weg zu einem erfüllten Gebetsleben. Für viele Christen ein Standardwerk zum Thema.
128 Seiten, Taschenbuch

Verfasser unbekannt: »Der kniende Christ«

Ein mutmachendes Buch, das die Verheißungen Gottes ernst nimmt und sie dem Leser zugänglich macht.
126 Seiten, Taschenbuch

Zum weiteren Bibelstudium (persönlich, in einer Gruppe oder einem Hauskreis) empfehlen wir die Studienhefte

»Zehn Schritte zur geistlichen Reife«

Einführung	Die Einzigartigkeit Jesu Christi
Schritt 1	Das Abenteuer des christlichen Lebens
Schritt 2	Erfülltes Leben mit Jesus Christus
Schritt 3	Das Wirken des Heiligen Geistes
Schritt 4	Siegreiches Gebet
Schritt 5	Gott redet durch sein Wort
Schritt 6	Geistliches Wachstum durch Gehorsam
Schritt 7	Der Christ und sein Zeugnis
Schritt 8	Leben aus der Verantwortung
Schritt 9	Höhepunkte im Alten Testament
Schritt 10	Höhepunkte im Neuen Testament

je 32–44 Seiten, Format DIN A5

Bestellungen bitte auf Seite 63 eintragen.

Verbindliche Mitarbeit

Wollen Sie mit dazu beitragen, daß der Missionsauftrag in unserer Generation ausgeführt wird? Dann werden Sie ein verbindlicher Mitarbeiter an diesem Auftrag. Wir bitten Gott, noch viele Männer und Frauen zuzurüsten, die bereit sind, sich ganz dem Herrn Jesus Christus auszuliefern und seinem Befehl entsprechend die gute Nachricht von der Liebe und Vergebung Gottes in alle Welt zu tragen. Wenn Sie verbindlicher Mitarbeiter an diesem Auftrag werden wollen, dann verpflichten Sie sich nicht Campus für Christus oder einer anderen Organisation, sondern Jesus Christus.

Sie können Anleitung erhalten, wie man das erfüllte Leben in Christus erfährt und wie man es anderen mitteilt. Und weiter, wie man eine persönliche Strategie entwickelt, um mitzuhelfen, die Welt dadurch zu verändern, daß Menschen zu Jesus geführt und durch ihn umgestaltet werden. Ihre Mitarbeit am Missionsauftrag wird Ihnen selbst, Ihrer Gemeinde, dem Reich Gottes und nicht zuletzt der Welt von Nutzen sein.

Wenn Sie an diesem Auftrag mitarbeiten wollen, trennen Sie bitte dieses Blatt heraus und senden Sie es ausgefüllt zurück. Wir werden Sie dann weiter darüber informieren, wie Sie mit dazu beitragen können, daß der Missionsauftrag in unserer Generation erfüllt wird.

Die Gebetsbewegung

Die Gebetsbewegung, ein Zweig von Campus für Christus, ist ein Dienst für die Gemeinden. Sie will Impulse und Ermutigung zum Gebet für örtliche, nationale und weltweite Erweckung geben.

Die Gebetsbewegung entwickelte spezielle, für Gemeinden zugeschnittene Gebetsseminare. Ein regelmäßig erscheinender Rundbrief »Gebet für unser Land« will Christen zum Gebet für ihr Land und die Welt motivieren.

Wir senden Ihnen gern nähere Informationen.

Bitte senden Sie mir

- ☐ regelmäßig den Brief »Gebet für unser Land«
- ☐ Informationen über das Gebetsseminar
- ☐ Informationen, um verbindlich am Missionsauftrag mitzuarbeiten

Name: ______________________________

Anschrift: ___________________________

____

Bitte im Umschlag einsenden an:

Deutschland
Campus für Christus
Am Unteren Rain 2
D-35394 Gießen

Österreich
Agape
Weisslhofweg 6
A-5400 Hallein

Schweiz
Campus für Christus
Josefstrasse 206
CH-8005 Zürich

Bestellung

Bitte senden Sie mir folgende Bücher bzw. Kassetten zu (Absender umseitig):

____

Anzahl/Titel

____

Anzahl/Titel

____

Anzahl/Titel

____

Anzahl/Titel

____

Anzahl/Titel

Stand der DM-Preise von 1. 1. 1997, zuzüglich Porto. Preisänderungen vorbehalten.
Preise in Fr. entsprechend.

Wenn mein Volk betet: 5,–
Gebets-Tagebuch: 19,95
Siegreiches Gebet: 4,95
Hallesby, Vom Beten: 12,90
Der kniende Christ: 7,80
Zehn Schritte zur geistlichen Reife: einzeln 4,95; Serie (= 11 Hefte) 39,95.
Mitteilbare Konzepte: einzeln 4,95; Serie (= 9 Bücher): 39,95. Vortragskassetten dazu: einzeln 9,–; als Satz (= 6 Kassetten) 49,95.
☐ Bitte senden Sie mir Ihren Bücherprospekt zu.

Absender:

Vor- und Zuname

Straße

Postleitzahl – Ort

Bitte in einen Umschlag stecken und senden an:

Deutschland:
Hänssler-Verlag
Postfach 1220
D-73762 Neuhausen-Stuttgart

Schweiz:
Campus für Christus
Josefstrasse 206
CH-8005 Zürich

Österreich:
Agape
Weisslhofweg 6
A-5400 Hallein